화엄경 제28권 (십회향품 제25-6) 해설

화엄경 제28권에는 찬탄 보시(pp.1~7), 대지와 자유 노예 보시(pp.7~61), 처사 보시(pp.61~68), 사택·資具 보시(pp.68~73), 원림 기타 보시(pp.73~100)를 설한 후 광대 보시에 대하여 구체적으로 설한다. 말하자면 생활에 쓰일 수 있는 갖가지 資具를 아낌없이 보시하라고 말이다.

그리고 離相廻向으로 無着行을 설하고 게송으로 노래했다.(pp.115~139)

"菩薩現身作國王 於世位中最無等 ~ 如是廻向諸衆生 常於世間無退轉"

	捨	來	音	來		十
復	離	出	聲	出	佛	廻
更	一	世	普	興	子	向
勸	切	令	告	於	菩	品
導	我	諸	一	世	薩	
令	慢	衆	切	開	摩	第
速	戲	生	如	演	訶	二
見	論	得	來	正	薩	十
佛		聞	出	法	若	五
令		佛	世	以	見	之
憶		名	如	大	如	六

사경의 공덕은 십만억 부처님께 공양한 것과 같은 공덕이 있습니다.

大方廣佛華嚴經 1

無수	於어	淨정	出출	佛불	觀관	念념
數수	佛불	信신	衆중	難난	察찰	佛불
諸제	所소	踊용	生생	值치	佛불	令령
佛불	聞문	躍약	由유	遇우	令령	歸귀
植식	諸제	歡환	此차	千천	讚찬	向향
諸제	佛불	喜희	得득	萬만	歎탄	佛불
善선	名명	尊존	見견	億억	佛불	令령
本본	轉전	重중	於어	劫겁	復부	攀반
修수	更갱	供공	佛불	時시	爲위	緣연
習습	值치	養양	生생	乃내	廣광	佛불
增증	遇우	復부	淸청	一일	說설	令령

사경의 공덕은 십만억 부처님께 공양한 것과 같은 공덕이 있습니다.

長 장	他 타	究 구	所 소	薩 살	種 종
爾 이	衆 중	竟 경	皆 개	故 고	善 선
時 시	生 생	調 조	生 생	成 성	根 근
無 무	因 인	伏 복	最 최	就 취	普 보
數 수	見 견	彼 피	上 상	佛 불	於 어
百 백	佛 불	諸 제	善 선	法 법	世 세
千 천	故 고	衆 중	知 지	以 이	間 간
萬 만	皆 개	生 생	識 식	無 무	施 시
億 억	得 득	於 어	想 상	數 수	作 작
那 나	淸 청	菩 보	因 인	劫 겁	佛 불
由 유	淨 정	薩 살	菩 보	所 소	事 사

勤	佛	令	勸	廻	生
근	불	령	권	회	생
修	心	歡	誘	向	令
수	심	환	유	향	령
習	無	喜	自	所	見
습	무	희	자	소	견
廣	廢	願	往	謂	佛
광	폐	원	왕	위	불
大	捨	一	見	願	時
대	사	일	견	원	시
智	願	切	佛	一	以
지	원	체	불	일	이
慧	一	衆	承	切	諸
혜	일	중	승	체	제
受	切	生	事	衆	善
수	체	생	사	중	선
持	衆	常	供	生	根
지	중	상	공	생	근
一	生	樂	養	不	如
일	생	락	양	부	여
切	常	見	皆	待	是
체	상	견	개	대	시

佛
불
子
자
菩
보
薩
살
摩
마
訶
하
薩
살
開
개
示
시
衆
중

사경의 공덕은 십만억 부처님께 공양한 것과 같은 공덕이 있습니다.

諸	聞	菩		以	生	十
佛	聲	薩	願	智	不	力
法	皆	行	一	眼	念	願
藏	悟		切	見	異	一
願	佛	衆		佛	業	切
一	法		生	出	常	衆
切	於		安	興	憶	生
衆	無		住	願	見	於
生	量		正	一	佛	一
隨	劫		念	切	勤	切
所	修		恒	衆	修	處

사경의 공덕은 십만억 부처님께 공양한 것과 같은 공덕이 있습니다.

興흥	一일	佛불	願원	自자	界계	常상
令령	切체	法법	一일	在재	願원	見견
其기	衆중	於어	切체	身신	一일	諸제
見견	生생	諸제	衆중	普보	切체	佛불
者자	悉실	如여	生생	於어	衆중	了료
普보	能능	來래	遇우	十시	生생	達달
得득	稱칭	得득	善선	方방	皆개	如여
淸청	歎탄	不불	知지	成성	得득	來래
淨정	諸제	壞괴	識식	道도	具구	徧변
是시	佛불	信신	常상	說설	足족	虛허
爲위	出출	願원	聞문	法법	佛불	空공

사경의 공덕은 십만억 부처님께 공양한 것과 같은 공덕이 있습니다.

菩	地		故	養	廻	菩
보	지		고	양	회	보
薩	或	佛		承	向	薩
살	혹	불		승	향	살
及	施	子		事	爲	摩
급	시	자		사	위	마
善	諸	菩		於	令	訶
선	제	보		어	령	하
知	佛	薩		無	衆	薩
지	불	살		무	중	살
識	造	摩		上	生	歡
식	조	마		상	생	탄
隨	立	訶		法	見	佛
수	립	하		법	견	불
意	精	薩		究	一	出
의	정	살		구	일	출
所	舍	捨		竟	切	世
소	사	사		경	체	세
用	或	於		清	佛	善
용	혹	어		청	불	선
或	施	大		淨	供	根
혹	시	대		정	공	근

사경의 공덕은 십만억 부처님께 공양한 것과 같은 공덕이 있습니다.

施衆僧以住處或施種種及餘福田或施衆生乃至一人一切聲聞獨覺孤露之及等什
施造立如來塔廟於無所如是等或
諸處之中悉為塔廟具資生是
物令隨意用無所恐懼
四衆隨意悉與令窮
田乃至一人
或施

施	所	一	岸	念	生
시	소	일	안	념	생
菩	地	切	願	受	得
보	지	체	원	수	득
薩	時	智	一	持	住
살	시	지	일	지	주
摩	以	地	切	一	持
마	이	지	체	일	지
訶	諸	悉	衆	切	力
하	제	실	중	체	력
薩	善	到	生	佛	常
살	선	도	생	불	상
隨	根	普	得	法	能
수	근	보	득	법	능
何	如	賢	總	願	守
하	여	현	총	원	수
方	是	具	衆	持	護
방	시	구	중	지	호
所	廻	清	行	地	切
소	회	청	행	지	체
布	向	淨	彼	正	切
보	향	정	피	정	체

사경의 공덕은 십만억 부처님께 공양한 것과 같은 공덕이 있습니다.

佛於念　就願隱
教諸　　一願處
願眾　　菩　悉
一生　　薩切令
切意　　諸　衆
衆常　　地切生
生清　　次衆調
得淨　　第生伏
如無　　無諸普住
地有　　有佛一清
心惡　　斷種切淨
　　　　絶成作願道安

사경의 공덕은 십만억 부처님께 공양한 것과 같은 공덕이 있습니다.

一 일	間 간	切 체	悉 실	衆 중	畏 외	智 지
切 체	普 보	衆 중	令 령	生 생	法 법	自 자
衆 중	使 사	生 생	安 안	獲 획	中 중	在 재
生 생	勤 근	普 보	住 주	善 선	願 원	修 수
同 동	修 수	為 위	無 무	方 방	一 일	行 행
諸 제	安 안	世 세	上 상	便 편	切 체	一 일
如 여	住 주	間 간	佛 불	住 주	衆 중	切 체
來 래	佛 불	之 지	樂 락	佛 불	生 생	佛 불
力 력	佛 불	所 소	願 원	諸 제	得 득	法 법
利 리	願 원	愛 애	一 일	力 력	如 여	是 시
益 익	一 일	樂 락	切 체	無 무	地 지	為 위
世 세						

사경의 공덕은 십만억 부처님께 공양한 것과 같은 공덕이 있습니다.

菩薩摩訶薩廻向爲令衆生皆得究竟善根一切諸佛菩薩摩訶薩布施故大地時善根一切如來清淨衆生皆得大地時善根僕供養子一菩薩淨地摩訶薩眞善僮一知識或施僧寶或奉父母勝福田或復給施病苦衆生

사경의 공덕은 십만억 부처님께 공양한 것과 같은 공덕이 있습니다.

	僕복	那나	爲위	侍시	與여	令령
常상	使사	由유	書서	者자	貧빈	無무
勤근	皆개	他타	持지	或혹	窮궁	闕궐
精정	聰총	僕복	諸제	爲위	孤고	乏핍
進진	慧혜	使사	佛불	守수	露로	以이
無무	善선	隨수	正정	護호	及급	存존
有유	巧교	時시	法법	如여	餘여	其기
懈해	性성	給급	以이	來래	一일	命명
惰타	自자	施시	百백	塔탑	切체	或혹
具구	調조	其기	千천	廟묘	無무	復부
質질	順순	諸제	億억	或혹	瞻첨	施시

사경의 공덕은 십만억 부처님께 공양한 것과 같은 공덕이 있습니다.

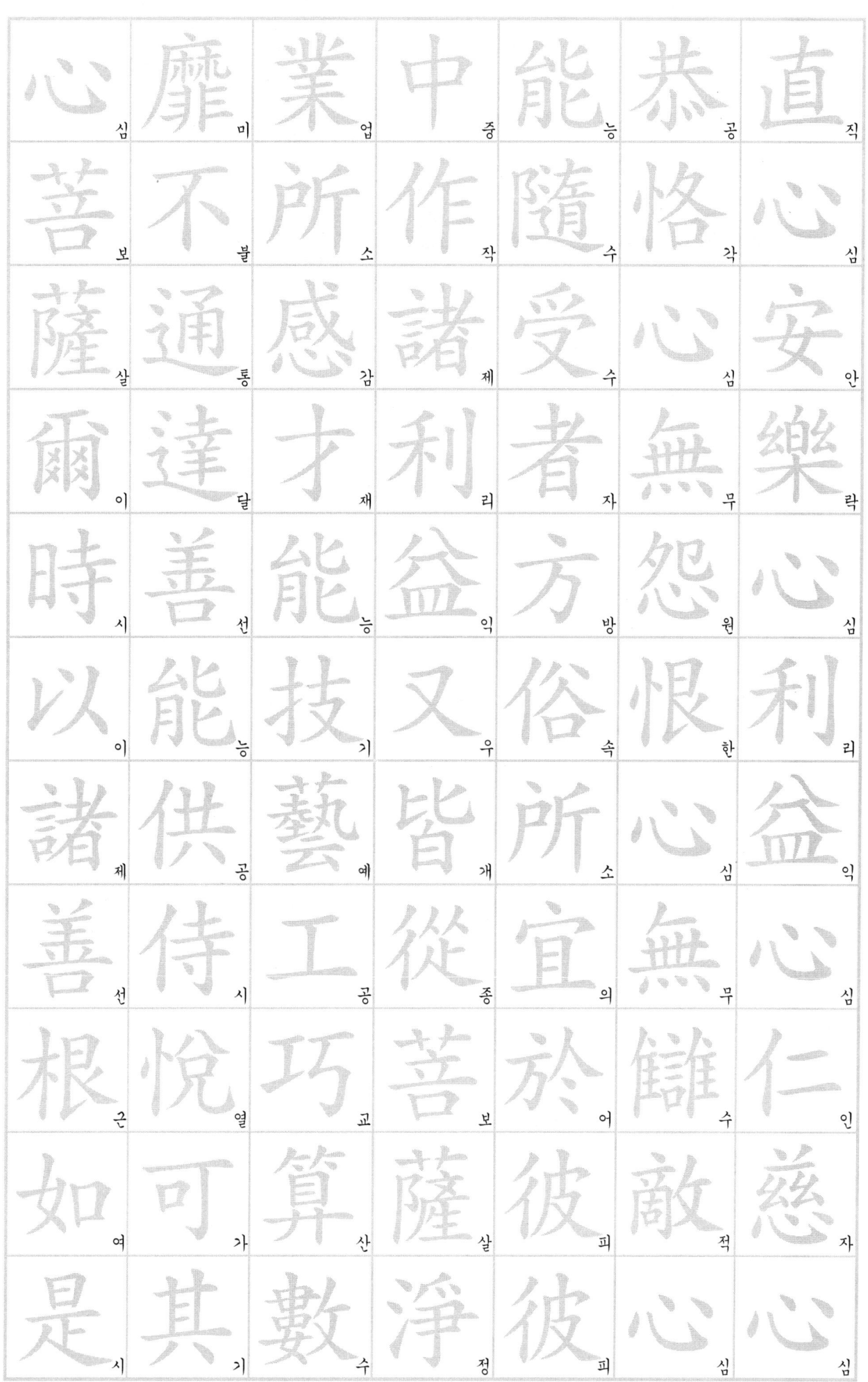

사경의 공덕은 십만억 부처님께 공양한 것과 같은 공덕이 있습니다.

廻向 所謂 願 一 切 衆 生 得 調
順 心 一 切 衆 生 隨 順 修 習 善 根
一 切 佛 於 一 切 衆 生 所 生 供 養
切 衆 生 佛 所 生 所 得 聽 如 諸
更 無 餘 念 願 一 攝 悉 順 所 一
佛 種 勤 修 一 切 順 佛 衆 生 善 根
願 壞 來 一 切 衆 生 善 根 得 調

사경의 공덕은 십만억 부처님께 공양한 것과 같은 공덕이 있습니다.

一일	佛불	持지	遊유		無무	願원
切체	無무	一일	行행	願원	厭염	一일
衆중	空공	一체	無무	一일	足족	切체
生생	過과	諸제	畏외	切체	於어	衆중
常상	時시	佛불		衆중	諸제	生생
勤근	願원	妙묘		生생	佛불	得득
供공	一일	義의		常상	所소	見견
養양	切체	言언		樂락	不불	諸제
一일	衆중	辭사		見견	惜석	佛불
切체	生생	淸청		佛불	身신	心심
諸제	攝섭	淨정		心심	命명	無무

사경의 공덕은 십만억 부처님께 공양한 것과 같은 공덕이 있습니다.

사경의 공덕은 십만억 부처님께 공양한 것과 같은 공덕이 있습니다.

施(시) 下(하) 無(무) 厭(염) 所(소) 愚(우)
諸(제) 心(심) 變(변) 心(심) 有(유) 險(험)
佛(불) 來(래) 生(생) 動(동) 衆(중) 極(극)
子(자) 乞(걸) 如(여) 心(심) 於(어) 善(선) 惡(악)
菩(보) 者(자) 地(지) 生(생) 諸(제) 悉(실) 衆(중)
薩(살) 布(보) 心(심) 給(급) 衆(중) 廻(회) 生(생)
摩(마) 施(시) 生(생) 侍(시) 生(생) 與(여) 種(종)
訶(하) 之(지) 忍(인) 衆(중) 猶(유) 心(심) 種(종)
薩(살) 時(시) 受(수) 生(생) 如(여) 生(생) 侵(침)
以(이) 衆(중) 不(불) 慈(자) 於(어) 陵(능)
身(신) 生(생) 疲(피) 母(모) 諸(제) 皆(개)
布(보) 謙(겸) 苦(고)

사경의 공덕은 십만억 부처님께 공양한 것과 같은 공덕이 있습니다.

菩薩平等法性得在如來種
不善住菩薩所行之道了達
所間斷不捨一切菩薩道義
須常無闕願之修菩薩行恒
廻向所謂願一切修衆生隨其
菩薩爾時安住善根悉以善根
寬宥心安住善善根精勤給事

사경의 공덕은 십만억 부처님께 공양한 것과 같은 공덕이 있습니다.

大方廣佛華嚴經 19

一切法受持讀誦不忘不失
衆生常得供養此一切諸佛不
一切智又以此善根令一切
清淨增上善根住大功德一具
解證法究竟得令住諸佛法生出具
令諸世間得淨諸佛法深心
族之數住真實語持菩薩行

사경의 공덕은 십만억 부처님께 공양한 것과 같은 공덕이 있습니다.

佛智慧開悟一切令一切眾
令一切塔眾生成最上福田得
第一塔應受世間種種供養
又以此善於諸法一切住眾生作
彼眾生於寂靜法而調習之是事
令調以以不壞不散心善調調伏不調

生作最上受者普能饒益一切衆生令一切衆生成最上福利能使具足一切衆生善根令一切衆生成第一好施處能使獲得無量福第令一切衆生於三界中皆得出離令一切衆生作第一導師能

사경의 공덕은 십만억 부처님께 공양한 것과 같은 공덕이 있습니다.

應供無量智身故 身善根廻向爲 道是爲法界菩薩摩訶薩施皆自己得 第一法界具足虛空證得無礙正 正法令一切衆生持衆生持一切諸佛量 生得妙總持具實道令一切一切諸佛衆 爲世間示如實道令一切諸佛衆

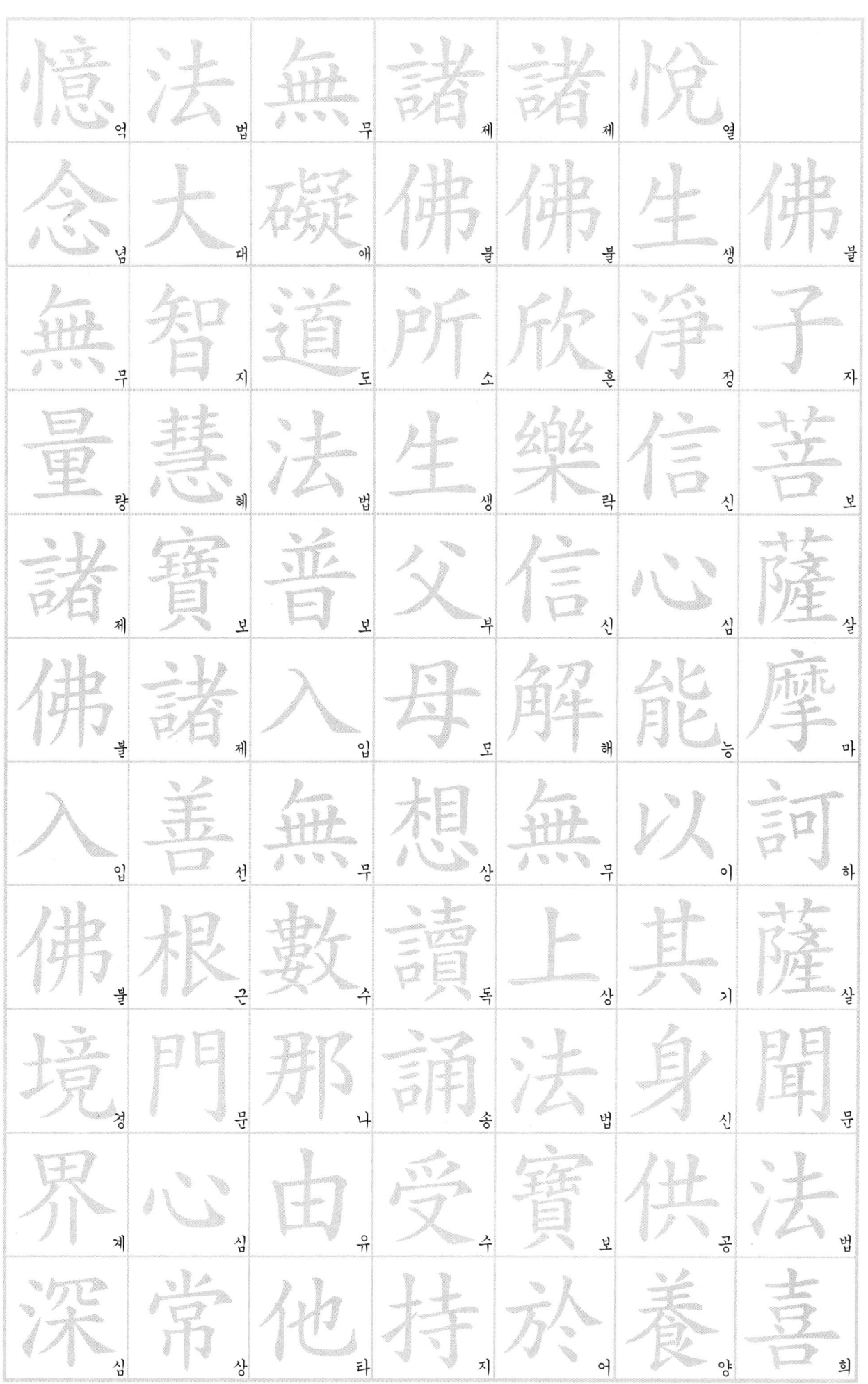

사경의 공덕은 십만억 부처님께 공양한 것과 같은 공덕이 있습니다.

滿	無	之		在	興	達
만	무	지		재	흥	달
諸	量	地	能		佛	義
제	량	지	능		불	의
根	百	具	分		法	理
근	백	구	분		법	리
佛	千	足	別		雲	能
불	천	족	별		운	능
子	億	成	說		雨	以
자	억	성	설		우	이
菩	那	就	一		佛	如
보	나	취	일		불	여
薩	由	薩	切		法	來
살	유	살	체		법	래
摩	他	婆	智		雨	微
마	타	바	지		우	미
訶	大	若	人		勇	密
하	대	야	인		용	밀
薩	法	乘	第		猛	梵
살	법	승	제		맹	범
於	成	以	一		自	音
어	성	이	일		자	음

사경의 공덕은 십만억 부처님께 공양한 것과 같은 공덕이 있습니다.

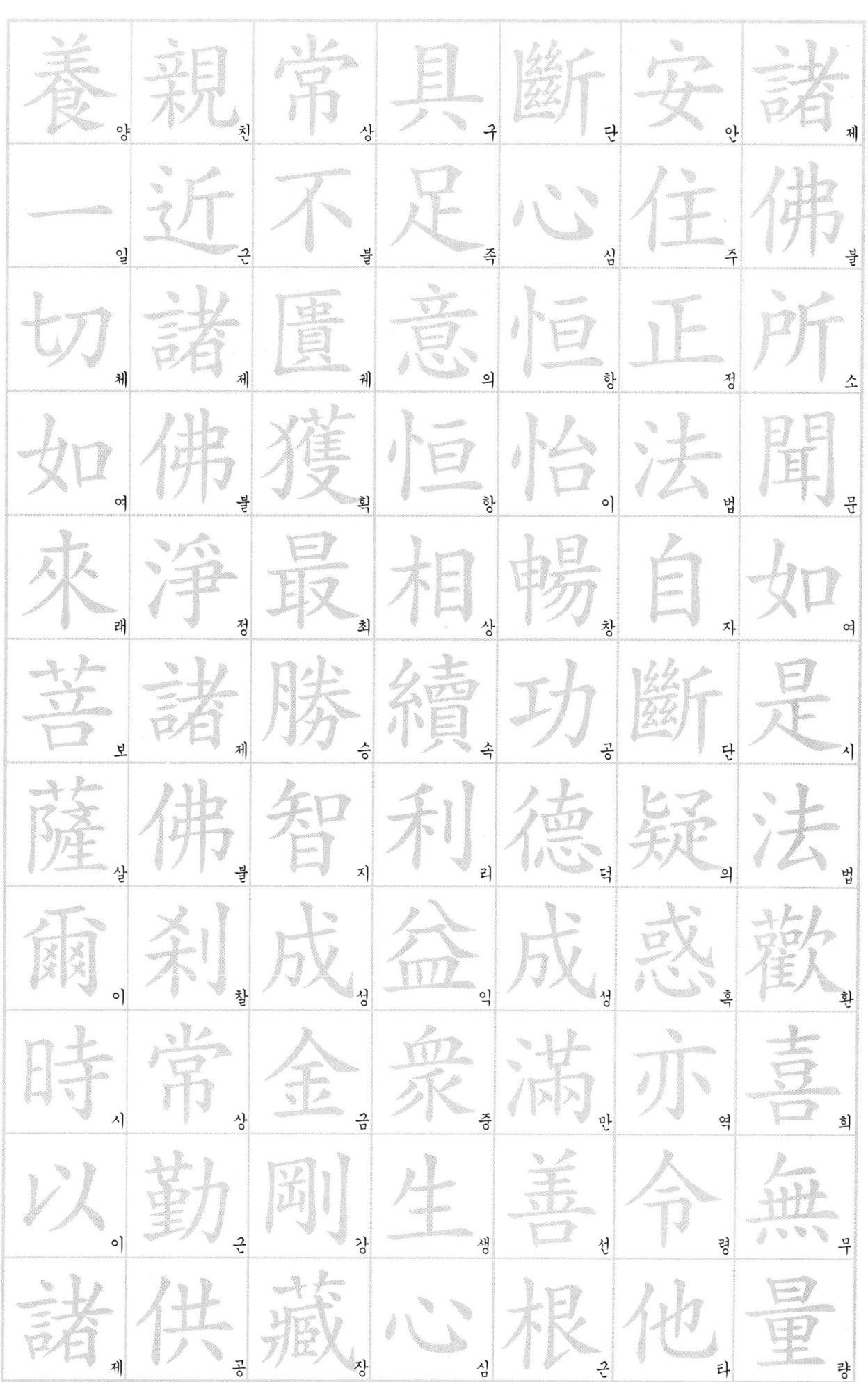

사경의 공덕은 십만억 부처님께 공양한 것과 같은 공덕이 있습니다.

壞	離	依	攝	滿		善
괴	리	의	섭	만		선
之	願	諸	受	最	所	根
지	원	제	수	최	소	근
身	一	佛	願	勝	謂	如
신	일	불	원	승	위	여
具	切	住	一	之	願	是
구	체	주	일	지	원	시
足	衆	恒	切	身	一	廻
족	중	항	체	신	일	회
一	生	得	衆	一	切	向
일	생	득	중	일	체	향
切	皆	觀	生	切	衆	
체	개	관	생	체	중	
功	得	仰	常	諸	生	
공	득	앙	상	제	생	
德	淸	未	近	佛	皆	
덕	청	미	근	불	개	
智	淨	曾	諸	之	得	
지	정	증	제	지	득	
慧	不	遠	佛	所	圓	
혜	불	원	불	소	원	

사경의 공덕은 십만억 부처님께 공양한 것과 같은 공덕이 있습니다.

大方廣佛華嚴經 27

사경의 공덕은 십만억 부처님께 공양한 것과 같은 공덕이 있습니다.

사경의 공덕은 십만억 부처님께 공양한 것과 같은 공덕이 있습니다.

耀自善施　永身
一願根一佛住供
切其憶切子三佛
眾身念眾菩世善
生爲善生薩諸根
爲大根爲摩佛廻
眾明菩欲訶家向
樂燈薩普薩故爲
具普摩令以　令
普能訶成身　眾
能照薩就布　生

사경의 공덕은 십만억 부처님께 공양한 것과 같은 공덕이 있습니다.

大方廣佛華嚴經 30

攝섭	能능	普보	影영	根근	爲위	蒙몽
受수	任임	能능	普보	因인	眞진	敎교
一일	持지	開개	令령	緣연	善선	誘유
切체	一일	曉효	衆중	普보	知지	爲위
衆중	切체	一일	生생	令령	識식	平평
生생	衆중	切체	常상	衆중	令령	坦탄
爲위	生생	衆중	得득	生생	一일	道도
妙묘	爲위	生생	觀관	常상	切체	令령
法법	淨정	爲위	見견	得득	衆중	一일
藏장	光광	世세	爲위	値치	生생	切체
普보	明명	光광	善선	遇우	悉실	衆중

사경의 공덕은 십만억 부처님께 공양한 것과 같은 공덕이 있습니다.

近근	廻회		益익	爲위	安안	生생
佛불	向향	菩보		明명	樂락	皆개
入입	所소	薩살		淨정	令령	得득
佛불	謂위	爾이		日일	一일	履리
智지	願원	時시		普보	切체	踐천
地지	一일	以이		作작	衆중	爲위
願원	切체	諸제		世세	生생	無무
一일	衆중	善선		間간	離리	有유
切체	生생	根근		平평	苦고	上상
衆중	常상	如여		等등	淸청	具구
生생	親친	是시		利리	淨정	足족

사경의 공덕은 십만억 부처님께 공양한 것과 같은 공덕이 있습니다.

如여		解해	儀의	一일	衆중	得득
來래	願원	法법	願원	切체	生생	隨수
家가	一일	義의	一일	衆중	常상	順순
願원	切체		切체	生생	處처	智지
一일	衆중		衆중	所소	佛불	住주
切체	生생		生생	行행	會회	無무
衆중	具구		悉실	有유	意의	上상
生생	知지		得득	則칙	善선	覺각
捨사	足족		涅열	具구	調조	願원
無무	行행		槃반	佛불	伏복	一일
明명	生생		深심	威위	願원	切체

사경의 공덕은 십만억 부처님께 공양한 것과 같은 공덕이 있습니다.

益익	一일	是시	切체	生생	勝승	欲욕
一일	切체	爲위	衆중	殺살	善선	住주
切체	衆중	菩보	生생	煩번	根근	佛불
衆중	生생	薩살	具구	惱뇌	坐좌	志지
生생	善선	摩마	足족	賊적	菩보	樂락
令령	根근	訶하	護호	離리	提리	願원
得득	廻회	薩살	持지	怨원	樹수	一일
無무	向향	以이	一일	害해	願원	切체
上상	爲위	身신	切체	心심	一일	衆중
安안	欲욕	布보	佛불	願원	切체	生생
隱은	利리	施시	法법	一일	衆중	生생

사경의 공덕은 십만억 부처님께 공양한 것과 같은 공덕이 있습니다.

사경의 공덕은 십만억 부처님께 공양한 것과 같은 공덕이 있습니다.

一切諸佛所行成就一切諸佛法器諸菩薩所 廻向
爾時以此衆善根如是清淨願一而調伏遠離莊嚴得一切智住善 衆生
一切諸佛不善業願一切衆生得

사경의 공덕은 십만억 부처님께 공양한 것과 같은 공덕이 있습니다.

不可壞堅固眷屬普能攝受
諸佛正法於法願一切衆生
弟子到衆生灌頂之地之生
受一切永離一切常不為諸佛
行菩薩願一切衆生隨順諸佛修

사경의 공덕은 십만억 부처님께 공양한 것과 같은 공덕이 있습니다.

生 생	智 지	皆 개	在 재	所 소	願 원	侍 시
入 입	記 기	悉 실	願 원	攝 섭	一 일	者 자
佛 불	願 원	平 평	一 일	受 수	切 체	一 일
境 경	一 일	等 등	切 체	常 상	衆 중	切 체
界 계	切 체	一 일	衆 중	能 능	生 생	佛 불
悉 실	衆 중	切 체	生 생	修 수	常 상	所 소
皆 개	生 생	佛 불	悉 실	行 행	爲 위	修 수
與 여	諸 제	法 법	爲 위	無 무	諸 제	智 지
諸 제	無 무	無 무	諸 제	取 취	佛 불	慧 혜
授 수	不 부	佛 불	著 착	第 제	行 행	
一 일	如 여	不 부	佛 불	著 착	第 제	行 행
切 체	來 래	自 자	之 지	業 업	一 일	是 시

就취	爲위	切체	救구		根근	爲위
照조	得득	三삼	護호	爲위	廻회	菩보
佛불	無무	界계	一일	欲욕	向향	薩살
法법	量량	爲위	切체	證증		摩마
智지	廣광	欲욕	衆중	得득		訶하
爲위	大대	成성	生생	諸제		薩살
欲욕	菩보	就취	爲위	佛불		給급
常상	提리	無무	欲욕	菩보		侍시
蒙몽	爲위	損손	出출	提리		諸제
諸제	欲욕	惱뇌	離리	爲위		佛불
佛불	成성	心심	一일	欲욕		善선

사경의 공덕은 십만억 부처님께 공양한 것과 같은 공덕이 있습니다.

土		法	滿	與	欲	攝
一	佛	故	無	三	信	受
切	子		悔	世	解	爲
諸	菩		恨	佛	一	得
物	薩		心	平	切	諸
乃	摩		證	等	佛	佛
至	訶		得	善	法	之
王	薩		一	根	爲	所
位	布		切	爲	欲	護
悉	施		諸	欲	成	持
亦	國		佛	圓	就	爲

사경의 공덕은 십만억 부처님께 공양한 것과 같은 공덕이 있습니다.

離諸善知識持諸菩薩廣大

行願常樂知識事承以此善根為如友廣大

廻向所謂爾時承事以此善根如是大

法王於所薩爾時承事以此善根如是大

一法王在一以事持

法到彼岸為如是

一切眾生滅岸為如是

煩惱怨賊願佛成自願時

一切王於眾善一切菩

眾摧彼生根善薩

生滅岸爲如友廣

住一願大是大

사경의 공덕은 십만억 부처님께 공양한 것과 같은 공덕이 있습니다.   大方廣佛華嚴經 42

邊변	開개	佛불	生생	轉전		佛불
諸제	示시	種종	生생	無무	願원	王왕
大대	無무	永영	如여	上상	一일	位위
菩보	量량	使사	來래	自자	切체	得득
薩살	法법	不부	家가	在재	衆중	如여
願원	王왕	絶절	於어	法법	生생	來래
一일	正정	願원	法법	輪륜	住주	智지
切체	法법	一일	自자	願원	佛불	開개
衆중	成성	切체	在재	一일	境경	演연
生생	就취	衆중	護호	切체	界계	佛불
住주	無무	生생	持지	衆중	能능	法법

사경의 공덕은 십만억 부처님께 공양한 것과 같은 공덕이 있습니다.

사경의 공덕은 십만억 부처님께 공양한 것과 같은 공덕이 있습니다.

足족	齊제		位위	衆중	子자	王왕
衆중	等등	是시	善선	生생	菩보	京경
善선	爲위	根근	究구	薩살	都도
之지	菩보	廻회	竟경	摩마	嚴엄
王왕	薩살	向향	住주	訶하	麗려
與여	摩마	爲위	於어	薩살	大대
三삼	訶하	摩마	安안	見견	城성
世세	薩살	令령	隱은	有유	及급
佛불	布보	彼피	處처	人인	以이
善선	施시	一일	故고	來래	關관
根근	王왕	切체	佛불	乞걸	防방

사경의 공덕은 십만억 부처님께 공양한 것과 같은 공덕이 있습니다.

所有(소유) 惜專(석전) 大(대) 益衆(익중) 安住(안주) 求一(구일) 樂故(락고)
於(어) 輸稅(수세) 向(향) 慈(자) 生(생) 諸(제) 切(체) 於(어)
菩提(보리) 行(행) 佛(불) 智(지) 自(자)
盡皆(진개) 大悲(대비) 廣大(광대) 平(평) 故(고) 在(재)
施與(시여) 發大(발대) 志意(지의) 智解(지해) 等法(등법) 自在(자재) 求(구)
心(심) 誓願(서원) 歡悅(환열) 了深(료심) 發心(발심) 法起(법기) 證得(증득)
無悋(무린) 住於(주어) 利(리) 法(법) 爲(위) 深(심) 淨(정) 故(고)

修(수) 廣(광) 故(고) 覺(각) 無(무) 一(일) 施(시)
一(일) 大(대) 修(수) 悟(오) 退(퇴) 切(체) 以(이)
切(체) 智(지) 行(행) 大(대) 故(고) 種(종) 此(차)
諸(제) 故(고) 一(일) 智(지) 修(수) 智(지) 善(선)
功(공) 廣(광) 切(체) 法(법) 習(습) 盡(진) 根(근)
德(덕) 集(집) 佛(불) 故(고) 一(일) 究(구) 如(여)
故(고) 一(일) 法(법) 安(안) 切(체) 竟(경) 是(시)
住(주) 切(체) 願(원) 住(주) 菩(보) 故(고) 廻(회)
於(어) 諸(제) 故(고) 菩(보) 薩(살) 而(이) 向(향)
堅(견) 善(선) 自(자) 提(리) 行(행) 行(행)
固(고) 根(근) 然(연) 心(심) 願(원) 布(보)

사경의 공덕은 십만억 부처님께 공양한 것과 같은 공덕이 있습니다.

淨 정	住 주	阿 아	衆 중	樂 락	生 생	
所 소	無 무	處 처	蘭 란	生 생	寂 적	永 영
謂 위	量 량	願 원	若 야	永 영	靜 정	不 불
願 원	刹 찰	一 일	處 처	不 불	永 영	樂 락
一 일	土 토	切 체	寂 적	依 의	得 득	著 착
切 체	奉 봉	衆 중	靜 정	止 지	究 구	一 일
衆 중	施 시	生 생	不 부	王 왕	竟 경	切 체
生 생	諸 제	常 상	動 동	都 도	願 원	世 세
悉 실	佛 불	樂 락	願 원	聚 취	一 일	間 간
能 능	以 이	居 거	一 일	落 락	切 체	於 어
嚴 엄	爲 위	止 지	切 체	心 심	衆 중	世 세

사경의 공덕은 십만억 부처님께 공양한 것과 같은 공덕이 있습니다.

心 심	行 행		諸 제	悔 회	得 득	語 어
離 리	惠 혜	願 원	家 가	願 원	離 리	言 언
居 거	施 시	一 일	業 업	一 일	貪 탐	常 상
家 가	願 원	切 체		切 체	心 심	樂 락
法 법	一 일	衆 중		衆 중	施 시	遠 원
願 원	切 체	生 생		生 생	諸 제	離 리
一 일	衆 중	得 득		得 득	所 소	願 원
切 체	生 생	無 무		出 출	有 유	一 일
衆 중	得 득	悋 린		離 리	心 심	切 체
生 생	不 불	心 심		心 심	無 무	衆 중
得 득	著 착	常 상		捨 사	中 중	生 생

사경의 공덕은 십만억 부처님께 공양한 것과 같은 공덕이 있습니다.

離衆苦 除滅一切災橫怖畏 願一切衆生 嚴淨十方一切世界 奉施諸佛 是爲菩薩摩訶薩布施王都善根廻向 爲令衆生悉能嚴淨諸佛刹故 佛子 菩薩摩訶薩所有一切內宮眷屬 妓侍衆女 皆顏

사경의 공덕은 십만억 부처님께 공양한 것과 같은 공덕이 있습니다.

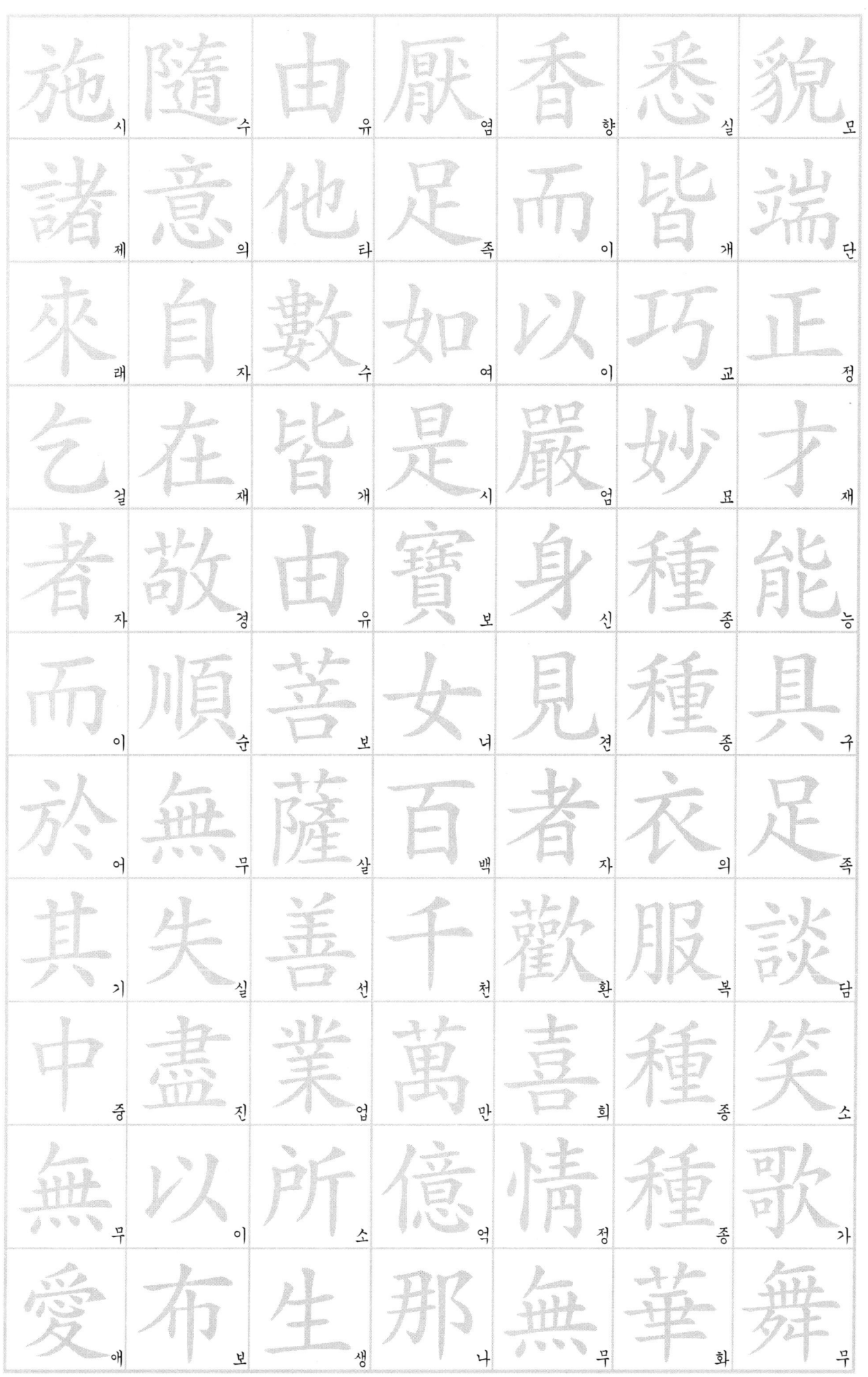

施諸來乞者而於其中無
隨意自在敬無失盡以布
由他數皆由菩薩善業所生那
厭足如是嚴寶見百千萬億那無
香而以嚴妙身種種衣服種種喜情無
悉皆巧妙種種具足談笑種種歌舞
貌端正才能具足談笑種種歌舞

사경의 공덕은 십만억 부처님께 공양한 것과 같은 공덕이 있습니다.

向 향	令 령		心 심	無 무	繫 계	樂 락
得 득	一 일	菩 보	無 무	分 분	縛 박	心 심
佛 불	切 체	薩 살	樂 락	別 별	心 심	無 무
法 법	衆 중	爾 이	欲 욕	心 심	無 무	顧 고
喜 희	生 생	時 시	心 심	無 무	執 집	戀 련
故 고	咸 함	觀 관		隨 수	取 취	心 심
廻 회	得 득	諸 제		逐 축	心 심	無 무
向 향	出 출	善 선		心 심	無 무	耽 탐
於 어	離 리	根 근		無 무	貪 탐	著 착
不 불	故 고	爲 위		取 취	染 염	心 심
堅 견	廻 회	欲 욕		相 상	心 심	無 무

사경의 공덕은 십만억 부처님께 공양한 것과 같은 공덕이 있습니다.

諸	生	以	向	道	剛	固
佛	一	智	得	場	智	中
家	切	慧	無	故	不	而
故	善	了	上	廻	可	得
廻	根	達	菩	向	壞	堅
向	故	諸	提	到	心	固
	廻	法	心	於	故	故
	向	故	彼	廻	廻	
	入	廻	岸	向	向	
	三	向	向	故	入	得
	世	出	能	廻	佛	金

사경의 공덕은 십만억 부처님께 공양한 것과 같은 공덕이 있습니다.

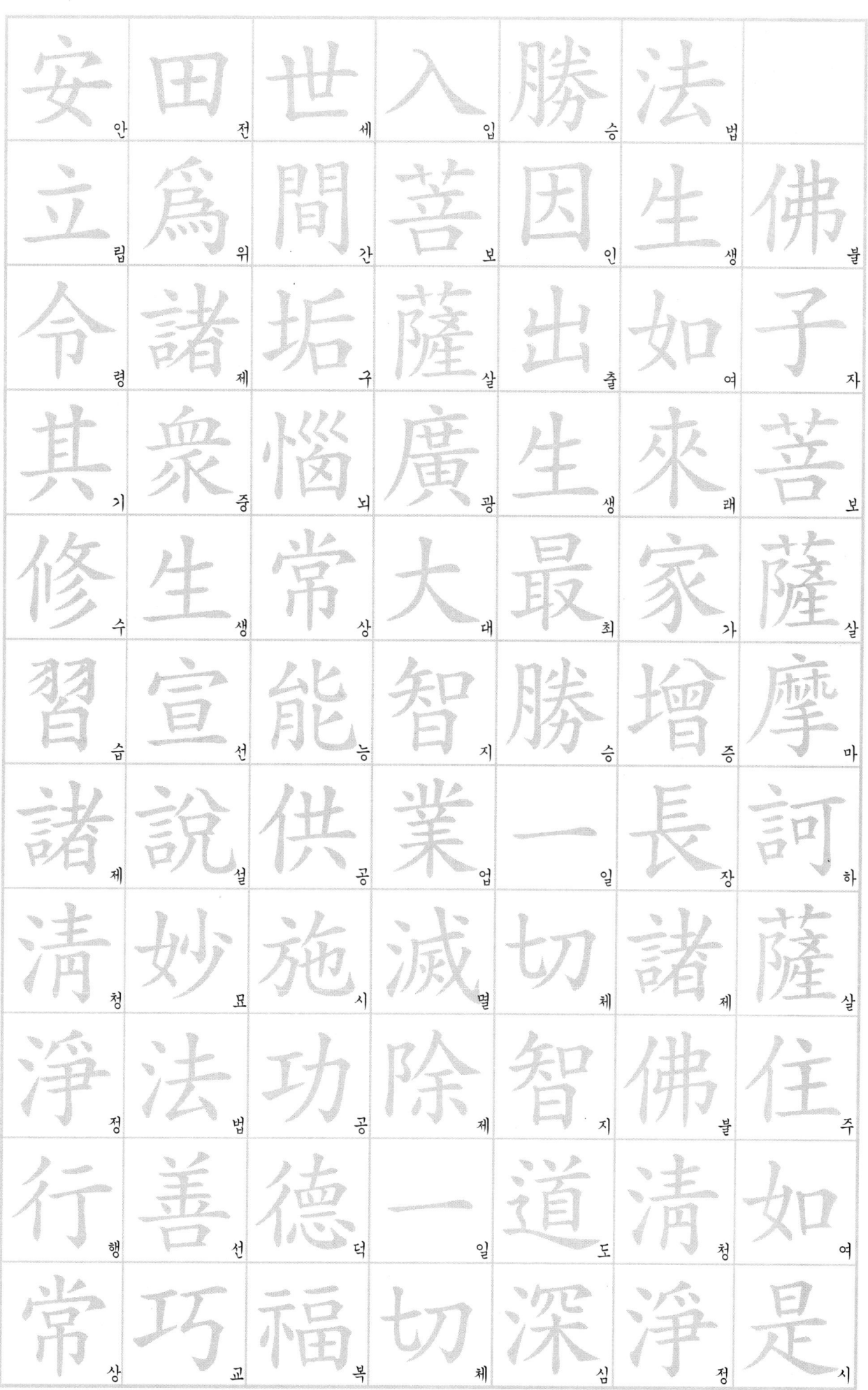

法 법	勝 승	入 입	世 세	田 전	安 안
佛 불	生 생	因 인	菩 보	爲 위	立 립
子 자	如 여	出 출	薩 살	諸 제	令 령
菩 보	來 래	生 생	廣 광	惱 뇌	其 기
薩 살	家 가	最 최	大 대	常 상	修 수
摩 마	增 증	勝 승	智 지	能 능	習 습
訶 하	長 장	一 일	業 업	供 공	諸 제
薩 살	諸 제	切 체	滅 멸	施 시	淸 청
住 주	佛 불	智 지	除 제	功 공	淨 정
如 여	淸 청	一 일	道 도	德 덕	行 행
是 시	淨 정	深 심	切 체	福 복	常 상

사경의 공덕은 십만억 부처님께 공양한 것과 같은 공덕이 있습니다.

勤攝取一切善根一切善根廻向菩薩爾時
以諸善根所謂善根如是善根廻向
不量三所謂眷屬一一切是廻向
悉斷諸願一切眷屬菩薩衆廻
衆入諸願三昧一切菩薩衆生廻向
生諸佛莊嚴衆菩薩衆常勝定
成就佛一切屬一如切
菩莊一眷根一
薩嚴衆菩切是善
不三生薩衆廻根
思昧常勝生向菩
議願樂定常薩
定一見相得爾
自切佛續無時

在遊戲無量神通不壞願一切衆

生入如實盡定菩薩甚深心一切衆

生於切諸禪定而獲得自在甚深心三昧

就一切三昧眷屬得解脱一切心

生種種三昧皆得善巧悉能

薩	受	切	昧	昧	得	攝
살	수	체	매	매	득	섭
布	不	衆	入	門	勝	取
보	불	중	입	문	승	취
施	取	生	深	願	智	諸
시	취	생	심	원	지	제
一	二	得	禪	一	三	三
일	이	득	선	일	삼	삼
切	法	無	定	切	昧	昧
체	법	무	정	체	매	매
內	是	著	終	衆	普	相
내	시	착	종	중	보	상
宮	爲	三	不	生	能	願
궁	위	삼	불	생	능	원
眷	菩	昧	退	得	學	一
권	보	매	퇴	득	학	일
屬	薩	心	失	無	習	切
속	살	심	실	무	습	체
時	摩	恒	願	礙	諸	衆
시	마	항	원	애	제	중
善	訶	正	一	三	三	生
선	하	정	일	삼	삼	생

사경의 공덕은 십만억 부처님께 공양한 것과 같은 공덕이 있습니다.

切故令衆壞　根
체고령중괴　근
智爲一生清爲廻
지위일생청위회
力欲切皆淨欲向
력욕체개정욕향
故令衆得眷令
고령중득권령
爲一生菩屬一
위일생보속일
欲切悉薩故切
욕체실살고체
令衆得眷爲衆
령중득권위중
一生滿屬欲生
일생만속욕생
切滿足故令皆
체만족고령개
衆足佛爲一得
중족불위일득
生一法欲切不
생일법욕체불

사경의 공덕은 십만억 부처님께 공양한 것과 같은 공덕이 있습니다.

證於無上智慧故 爲欲令一切衆生得於隨順眷屬故 爲欲令一切衆生得同志行人共居故 爲令一切衆生具足一切福智故 爲欲令一切衆生成就淸淨善根故 爲欲令一切衆生得善和

사경의 공덕은 십만억 부처님께 공양한 것과 같은 공덕이 있습니다.

大方廣佛華嚴經

故고	俗속	欲욕	才재	一일	就취	眷권
爲위	善선	令령	善선	切체	如여	屬속
欲욕	根근	一일	說설	衆중	來래	故고
令령	同동	切체	諸제	生생	淸청	爲위
一일	修수	衆중	佛불	成성	淨정	欲욕
切체	出출	生생	無무	就취	法법	令령
衆중	世세	永영	盡진	次차	身신	一일
生생	淸청	捨사	法법	第제	故고	切체
淨정	淨정	一일	藏장	如여	爲위	衆중
業업	善선	切체	故고	理리	欲욕	生생
圓원	根근	世세	爲위	辯변	令령	成성

無무	挈나	愛애		現현	令령	滿만
量량	太태	妻처	佛불	前전	一일	成성
諸제	子자	子자	子자	以이	切체	就취
菩보	現현	布보	菩보	法법	衆중	一일
薩살	莊장	施시	薩살	光광	生생	切체
等등	嚴엄	猶유	摩마	明명	一일	清청
菩보	王왕	如여	訶하	普보	切체	淨정
薩살	菩보	往왕	薩살	嚴엄	佛불	法법
爾이	薩살	昔석	能능	淨정	法법	故고
時시	及급	須수	以이	故고	皆개	爲위
乘승	餘여	達달	所소		悉실	欲욕

사경의 공덕은 십만억 부처님께 공양한 것과 같은 공덕이 있습니다.

	性	觀	諸	中	薩	薩
菩		菩	衆	悔	布	婆
薩		薩	生	罄	施	若
摩		道	淨	捨	之	心
訶		念	深	所	道	行
薩		佛	志	珍	其	一
成		菩	樂	求	心	切
辨		提	成	一	清	施
如		住	菩	切	淨	淨
是		佛	提	智	無	修
布		種	行	令	有	菩

사경의 공덕은 십만억 부처님께 공양한 것과 같은 공덕이 있습니다.

施心自在觀己己決定志求如來之身
普令滿洲又觀己身繫屬一切如來之身
使自足給以其身繫定志求如來之身
一身菩施其身繫定志求如來之身
切作薩一身普屬志
皆第如切普屬志
生一是未攝一求
歡塔護滿眾切如
喜　念足生不來
欲　眾者猶得之
於　生令如自身

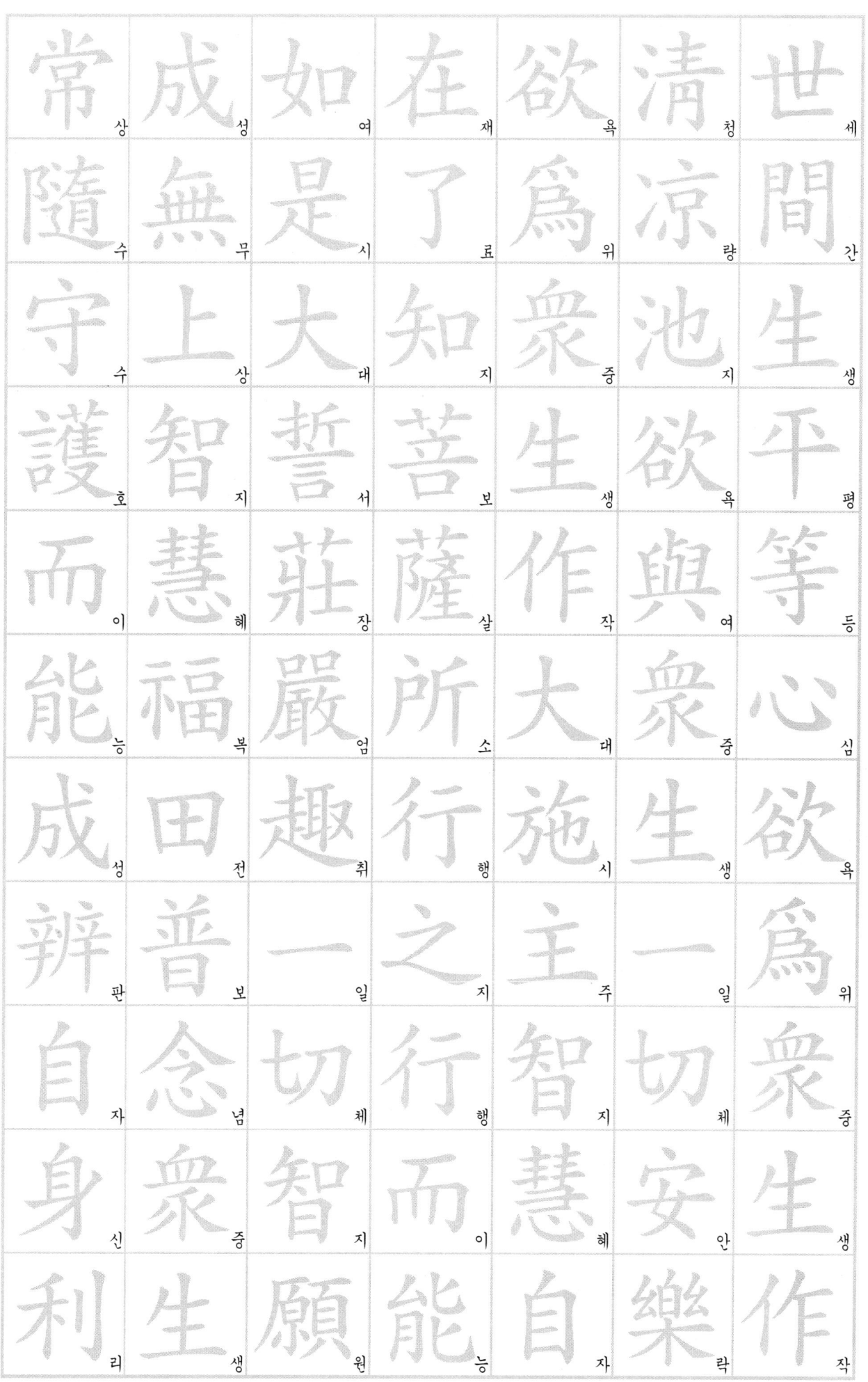

益智慧光明普照於世常勤憶念菩薩施心恒樂觀察如來境界佛子菩薩摩訶薩以無縛無著解脫心布施妻子所集善根如是廻向所謂願一切衆生住佛菩提起變化身周

사경의 공덕은 십만억 부처님께 공양한 것과 같은 공덕이 있습니다.

壞	於	佛	斷	佛	生	徧
괴	어	불	단	불	생	변
願	諸	子	貪	刹	得	法
원	제	자	탐	찰	득	법
一	佛	隨	恚	願	無	界
일	불	수	에	원	무	계
切	所	佛	結	一	著	轉
체	소	불	결	일	착	전
衆	生	所	願	切	身	不
중	생	소	원	체	신	불
生	自	行	一	衆	願	退
생	자	행	일	중	원	퇴
常	己	願	切	生	力	輪
상	기	원	체	생	력	륜
爲	心	一	衆	捨	周	願
위	심	일	중	사	주	원
佛	不	切	生	愛	行	一
불	불	체	생	애	행	일
子	可	衆	爲	憎	一	切
자	가	중	위	증	일	체
從	沮	生	諸	心	切	衆
종	저	생	제	심	체	중

사경의 공덕은 십만억 부처님께 공양한 것과 같은 공덕이 있습니다.

法 법	處 처		離 리	說 설	法 법	不 불
化 화	成 성	願 원	煩 번	佛 불	施 시	爲 위
生 생	就 취	一 일	惱 뇌	菩 보	願 원	一 일
願 원	如 여	切 체	願 원	提 리	一 일	切 체
一 일	來 래	衆 중	一 일	道 도	切 체	諸 제
切 체	自 자	生 생	切 체	常 상	衆 중	緣 연
衆 중	在 재	證 증	衆 중	樂 락	生 생	所 소
生 생	智 지	佛 불	生 생	修 수	得 득	壞 괴
得 득	慧 혜	菩 보	能 능	行 행	正 정	願 원
究 구		提 리	具 구	無 무	定 정	一 일
竟 경		永 영	演 연	上 상	心 심	切 체

사경의 공덕은 십만억 부처님께 공양한 것과 같은 공덕이 있습니다.

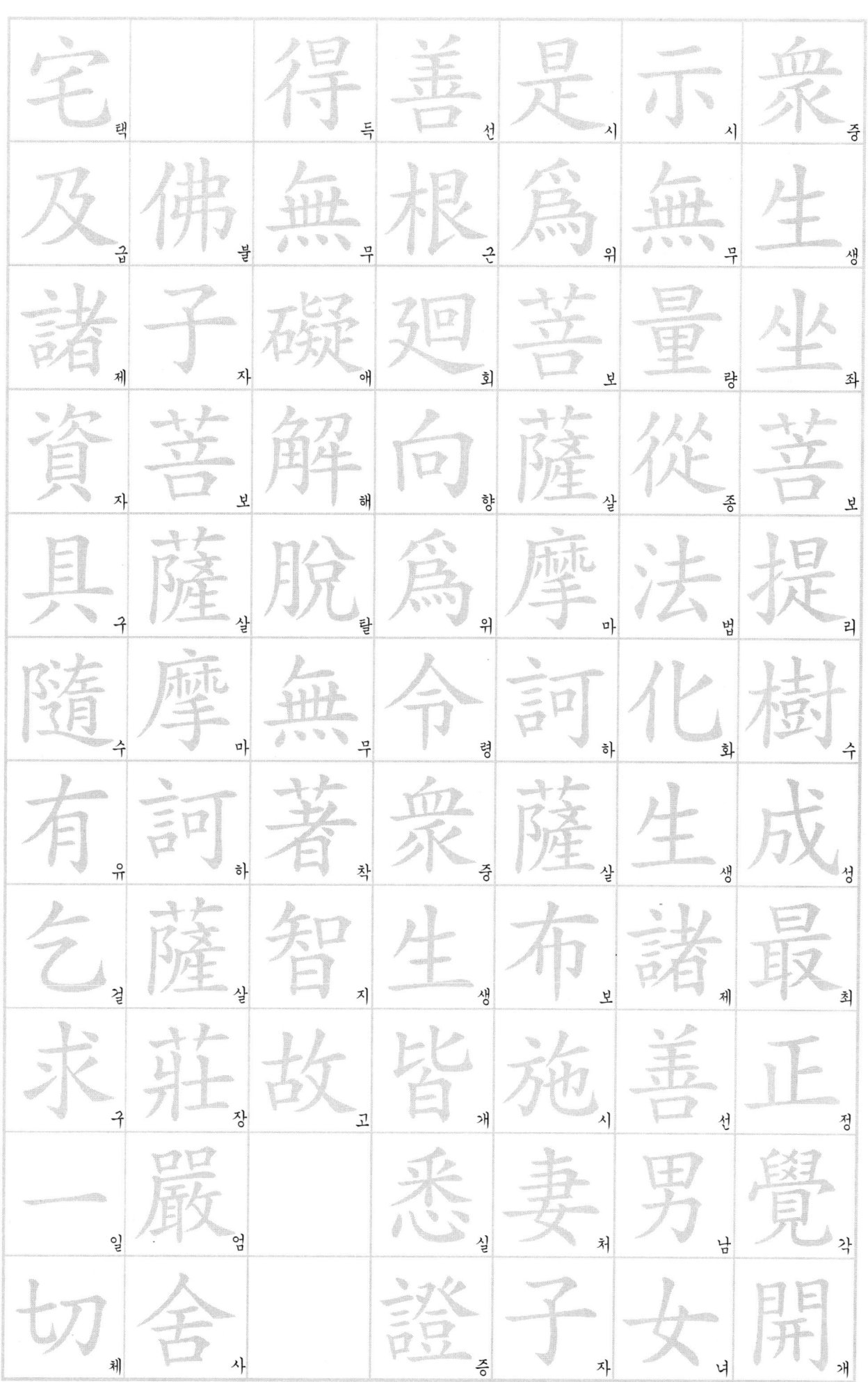

一切悉捨心無中悔常爲諸
菩薩行以諸佛法而自莊嚴修
其中無所愛樂但欲出家修
著知家易壞心恆厭味心捨於
資生之具不貪不觀厭惡無繫業
離一切居家覺法於家無著遠
施與行布施施法於家無著

사경의 공덕은 십만억 부처님께 공양한 것과 같은 공덕이 있습니다.

佛之所 讚歎
惠施心無戀著 隨處有所 乞求 悉以
生喜慶 廻向菩薩 所謂 爾時見有 以此 衆善根 生
如是妻子 成就出家 願一切 衆生
捨離一切 出家
樂願一切衆生解脫家縛入

사경의 공덕은 십만억 부처님께 공양한 것과 같은 공덕이 있습니다.

於어	願원	切체	永영	積적	如여	法법
非비	一일	施시	離리	願원	來래	滅멸
家가	切체	心심	家가	一일	家가	除제
諸제	衆중	無무	法법	切체	願원	一일
佛불	生생	退퇴	少소	衆중	一일	切체
法법	捨사	轉전	欲욕	生생	切체	障장
中중	離리	願원	知지	出출	衆중	礙애
修수	慳간	一일	足족	世세	生생	之지
行행	垢구	切체	無무	俗속	得득	道도
梵범	樂락	衆중	所소	家가	無무	
行행	一일	生생	藏장	住주	礙애	

사경의 공덕은 십만억 부처님께 공양한 것과 같은 공덕이 있습니다.

사경의 공덕은 십만억 부처님께 공양한 것과 같은 공덕이 있습니다.

是時 菩 種 之 衆
爲 善 薩 種 生
菩 根 佛 林 處 作
薩 廻 子 臺 是 好
摩 向 菩 榭 念 園
訶 爲 薩 遊 言 林
薩 令 神 訶 戲 我 我
布 衆 通 薩 快 當 當
施 生 智 布 樂 爲 爲
舍 成 故 施 莊 一 一
宅 就 種 嚴 切 切

사경의 공덕은 십만억 부처님께 공양한 것과 같은 공덕이 있습니다.

	衆 중	衆 중	衆 중	衆 중	衆 중	衆 중
我 아	生 생	生 생	生 생	生 생	生 생	生 생
當 당	得 득	發 발	開 개	無 무	歡 환	示 시
令 령	佛 불	歡 환	淨 정	邊 변	喜 희	現 현
一 일	菩 보	喜 희	法 법	喜 희	之 지	法 법
切 체	提 리	心 심	門 문	樂 락	意 의	樂 락
衆 중		我 아	我 아	我 아	我 아	我 아
生 생		當 당	當 당	當 당	當 당	當 당
成 성		令 령	令 령	爲 위	示 시	施 시
滿 만		一 일	一 일	一 일	一 일	一 일
大 대		切 체	切 체	切 체	切 체	切 체

사경의 공덕은 십만억 부처님께 공양한 것과 같은 공덕이 있습니다.

願(원) 我(아) 當(당) 於(어) 一(일) 切(체) 衆(중) 生(생) 猶(유) 如(여) 慈(자)
父(부) 我(아) 當(당) 令(령) 一(일) 切(체) 衆(중) 生(생) 智(지) 慧(혜) 觀(관)
察(찰) 我(아) 當(당) 施(시) 一(일) 切(체) 衆(중) 生(생) 資(자) 生(생) 之(지)
具(구) 我(아) 當(당) 於(어) 一(일) 切(체) 衆(중) 生(생) 猶(유) 如(여) 慈(자)
母(모) 生(생) 長(장) 一(일) 切(체) 善(선) 根(근) 大(대) 願(원)
佛(불) 子(자) 菩(보) 薩(살) 摩(마) 訶(하) 薩(살) 如(여) 是(시) 修(수)
行(행) 諸(제) 善(선) 根(근) 時(시) 於(어) 惡(악) 衆(중) 生(생) 不(불) 生(생)

사경의 공덕은 십만억 부처님께 공양한 것과 같은 공덕이 있습니다.

大方廣佛華嚴經

疲厭亦不誤起棄捨之心
滿世間一切衆生悉不知恩設
菩薩於彼一一初念無衆生
不生嫌恨
滅不其無量所苦惱於諸世間
如虛空無所染著普觀諸世間
眞實之相發大誓願滅衆生

但心欲心反求念一彼初
諸報心世諸法

苦永不厭捨大乘志願滅佛一

切見修諸菩薩平等觀行察願佛已

攝諸菩薩摩訶薩薩如是等觀察願已

一切衆善根悉以廻向所謂願一

法成就無上園林滋之心願量謂善一

切衆生得不動法見一切佛

사경의 공덕은 십만억 부처님께 공양한 것과 같은 공덕이 있습니다.

大方廣佛華嚴經 77

生	善		來	一	園	皆
得	遊	願	神	切	苑	令
遊	戲	一	足	衆	得	歡
戲	智	切	園	生	諸	喜
樂	慧	衆	林	得	佛	願
普	境	生		淨	刹	一
詣	界	得		妙	園	切
佛	願	佛		心	苑	衆
刹	一	戲		常	妙	生
道	切	樂		見	樂	樂
場	衆	常		如	願	法

사경의 공덕은 십만억 부처님께 공양한 것과 같은 공덕이 있습니다.

養양	徧변	住주	一일	行행	解해	衆중
諸제	往왕	佛불	切체	心심	脫탈	會회
佛불	一일	園원	佛불	無무	遊유	願원
願원	切체	林림	充충	疲피	戲희	一일
一일	佛불	願원	滿만	倦권	盡진	切체
切체	刹찰	一일	法법	願원	未미	衆중
衆중	一일	切체	界계	一일	來래	生생
生생	一일	衆중	發발	切체	劫겁	成성
得득	刹찰	生생	廣광	衆중	行행	就취
善선	中중	悉실	大대	生생	菩보	菩보
	供공	能능	心심	見견	薩살	薩살

사경의 공덕은 십만억 부처님께 공양한 것과 같은 공덕이 있습니다.

億억		故고	見견	林림	爲위	欲욕
那나	佛불		一일	臺대	菩보	心심
由유	子자		切체	榭사	薩살	清청
他타	菩보		佛불	善선	摩마	淨정
無무	薩살		遊유	根근	訶하	莊장
量량	摩마		戲희	廻회	薩살	嚴엄
無무	訶하		一일	向향	布보	一일
數수	薩살		切체	爲위	施시	切체
廣광	作작		佛불	令령	一일	佛불
大대	百백		園원	衆중	切체	刹찰
施시	千천		林림	生생	園원	是시

사경의 공덕은 십만억 부처님께 공양한 것과 같은 공덕이 있습니다.

會회	損손	離리	開개	僧승	千천	物물
一일	惱뇌	衆중	置치	祇기	億억	發발
切체	於어	惡악	無무	清청	那나	甚심
清청	一일	量량	淨정	淨정	由유	難난
淨정	衆중	三삼	百백	境경	他타	得득
諸제	生생	業업	千천	界계	阿아	菩보
佛불	普보	道도	億억	積적	僧승	提리
印인	令령	成성	那나	集집	祇기	之지
可가	衆중	就취	由유	無무	資자	心심
終종	生생	智지	他타	量량	生생	行행
不불	遠원	慧혜	阿아	百백	妙묘	無무

사경의 공덕은 십만억 부처님께 공양한 것과 같은 공덕이 있습니다.

布 보		供 공	喜 희	無 무	中 중	限 한
施 시	爲 위	養 양	以 이	量 량	後 후	施 시
心 심	欲 욕	三 삼	大 대	衆 중	善 선	令 령
無 무	成 성	世 세	慈 자	生 생	生 생	諸 제
中 중	就 취	諸 제	悲 비	心 심	淨 정	衆 중
悔 회	一 일	佛 불	救 구	之 지	信 신	生 생
增 증	切 체		護 호	所 소	解 해	住 주
長 장	佛 불		一 일	樂 락	隨 수	清 청
信 신	種 종		切 체	悉 실	百 백	淨 정
根 근	修 수		承 승	令 령	千 천	道 도
成 성	行 행		事 사	歡 환	億 억	初 초

사경의 공덕은 십만억 부처님께 공양한 것과 같은 공덕이 있습니다.

사경의 공덕은 십만억 부처님께 공양한 것과 같은 공덕이 있습니다.

一切(일체) 衆生(중생) 勉濟(면제) 道(도) 差(차) 禪(선)
諸(제) 作(작) 衆(중) 修(수) 證(증) 一(일) 定(정)
佛(불) 第(제) 生(생) 平(평) 自(자) 切(체) 智(지)
所(소) 一(일) 皆(개) 願(원) 境(경) 衆(중) 入(입)
稱(칭) 施(시) 令(령) 如(여) 智(지) 生(생) 不(불)
歎(탄) 主(주) 得(득) 實(실) 死(사) 安(안) 道(도)
施(시) 於(어) 入(입) 善(선) 住(주) 究(구)
願(원) 諸(제) 無(무) 根(근) 寂(적) 竟(경)
惡(악) 礙(애) 得(득) 靜(정) 一(일)
一切(일체) 趣(취) 智(지) 無(무) 諸(제) 切(체)

到 도	切 체	息 식	終 종	退 퇴	地 지	神 신
於 어	衆 중	究 구	不 불	轉 전	莊 장	通 통
無 무	生 생	竟 경	疲 피	願 원	嚴 엄	智 지
量 량	恒 항	無 무	厭 염	一 일	佛 불	慧 혜
功 공	勤 근	上 상	給 급	切 체	法 법	勇 용
德 덕	種 종	一 일	濟 제	衆 중	到 도	猛 맹
彼 피	植 식	切 체	衆 중	生 생	於 어	精 정
岸 안	一 일	種 종	生 생	設 설	彼 피	進 진
	切 체	智 지	無 무	大 대	岸 안	具 구
	善 선	願 원	有 유	施 시	永 영	足 족
	根 근	一 일	休 휴	會 회	不 불	諸 제

사경의 공덕은 십만억 부처님께 공양한 것과 같은 공덕이 있습니다.

願一切衆生常蒙諸佛之
원일체중생상몽제불지

所稱歎普爲世間作大施主
소칭탄보위세간작대시주

功德具足充滿法界徧照十
공덕구족충만법계변조시

方施無上樂願一切衆生設
방시무상락원일체중생설

大施會廣集善根等攝衆生
대시회광집선근등섭중생

到於彼岸願一切衆生成最
도어피안원일체중생성최

勝施普令衆生住第一乘願
승시보령중생주제일승원

사경의 공덕은 십만억 부처님께 공양한 것과 같은 공덕이 있습니다.

一切衆生爲應
時大施衆生永
就善施究生離
願施到竟爲非
莊施一衆佛應
嚴盡切衆佛竟
施以生丈願應
親一切究夫一
近供諸竟大一切施
養佛常施衆
悉皆願佛行彼生
衆生住清淨施集等法界無一切體師大岸成非

사경의 공덕은 십만억 부처님께 공양한 것과 같은 공덕이 있습니다.

可 가	上 상	會 회		群 군	生 생	量 량
壞 괴	施 시	善 선	是 시	品 품	於 어	福 복
施 시	究 구	根 근	爲 위	住 주	諸 제	德 덕
供 공	竟 경	廻 회	菩 보	如 여	世 세	到 도
諸 제	佛 불	向 향	薩 살	來 래	間 간	於 어
佛 불	施 시	爲 위	摩 마	地 지	爲 위	彼 피
施 시	成 성	令 령	訶 하		大 대	岸 안
無 무	就 취	衆 중	薩 살		施 시	願 원
恚 에	善 선	生 생	設 설		主 주	一 일
恨 한	施 시	行 행	大 대		誓 서	切 체
施 시	不 불	無 무	施 시		度 도	衆 중

大方廣佛華嚴經

救 제	諸 제	菩 보	故 고		切 체	果 과
衆 중	佛 불	薩 살		佛 불	資 자	報 보
生 생	施 시	功 공		子 자	生 생	於 어
施 시	善 선	德 덕		菩 보	之 지	世 세
成 성	精 정	諸 제		薩 살	物 물	富 부
一 일	進 진	佛 불		摩 마	心 심	樂 락
切 체	施 시	智 지		訶 하	無 무	無 무
智 지	成 성	慧 혜		薩 살	貪 탐	所 소
施 시	就 취	廣 광		布 보	惜 석	希 희
常 상	一 일	大 대		施 시	不 불	望 망
見 견	切 체	施 시		一 일	求 구	離 리

사경의 공덕은 십만억 부처님께 공양한 것과 같은 공덕이 있습니다.

	行	生	所	性	一	妄
行	無	之	求	隨	切	想
一	邊	具	各	諸	衆	心
切	施	所	各	衆	生	善
施		有	差	生	審	思
盡		嚴	別	種	觀	惟
內		飾	成	種	一	法
外		悉	辨	不	切	爲
施		皆	無	同	諸	欲
行		妙	量	所	法	利
此		好	資	用	實	益

有유	子자	世세	有유	皆개	就취	施시
善선	菩보	佛불	求구	令령	心심	時시
根근	薩살	悉실	反반	發발	寶보	增증
廻회	摩마	以이	報보	生생	常상	志지
向향	訶하	圓원	心심	殊수	能능	樂락
衆중	薩살	滿만	所소	勝승	守수	力력
生생	以이	一일	有유	志지	護호	獲획
	此차	切체	善선	願원	一일	大대
	布보	種종	根근	初초	切체	功공
	施시	智지	等등	未미	衆중	德덕
	所소	佛불	三삼	曾증	生생	成성

사경의 공덕은 십만억 부처님께 공양한 것과 같은 공덕이 있습니다.

사경의 공덕은 십만억 부처님께 공양한 것과 같은 공덕이 있습니다.

生 생	常 상	菩 보	願 원	能 능		時 시
普 보	說 설	提 리	一 일	示 시	願 원	常 상
得 득	正 정	盡 진	切 체	現 현	一 일	轉 전
聞 문	法 법	未 미	衆 중	神 신	切 체	清 청
知 지	曾 증	來 래	生 생	通 통	衆 중	淨 정
願 원	無 무	劫 겁	悉 실	方 방	生 생	不 불
一 일	休 휴	於 어	能 능	便 편	具 구	退 퇴
切 체	息 식	十 시	悟 오	饒 요	一 일	法 법
衆 중	令 령	方 방	入 입	益 익	切 체	輪 륜
生 생	諸 제	世 세	諸 제	衆 중	智 지	
於 어	衆 중	界 계	佛 불	生 생	善 선	

사경의 공덕은 십만억 부처님께 공양한 것과 같은 공덕이 있습니다.

無 무	願 원	染 염	若 약	莊 장	世 세	願 원
量 량	一 일	若 약	覆 복	嚴 엄	界 계	一 일
劫 겁	切 체	淨 정	若 약	所 소	中 중	切 체
修 수	衆 중	若 약	仰 앙	可 가	修 수	衆 중
菩 보	生 생	小 소	或 혹	演 연	菩 보	生 생
薩 살	於 어	若 약	一 일	說 설	薩 살	於 어
行 행	一 일	大 대	莊 장	在 재	行 행	念 념
悉 실	切 체	若 약	嚴 엄	世 세	靡 미	念 념
得 득	世 세	麤 추	或 혹	界 계	不 부	中 중
圓 원	界 계	若 약	種 종	數 수	周 주	常 상
滿 만	若 약	細 세	種 종	諸 제	徧 변	作 작

三世一切佛　一切諸佛子
一切諸佛事　教化衆生向
生一切衆生　令一切衆生
祇物而爲所須　給施爲令佛法相
續不斷大悲普救一
安住大慈修菩薩行於佛

安	續	祇	生		一	三
住	不	物	一	佛	切	世
大	斷	而	切	子	智	一
慈	大	爲	所	菩		切
修	悲	給	須	薩		佛
菩	普	施	以	摩		事
薩	救	爲	如	訶		教
行	一	令	是	薩		化
於	切	佛	等	隨		衆
佛	衆	法	阿	諸		生
教	生	相	僧	衆		向

사경의 공덕은 십만억 부처님께 공양한 것과 같은 공덕이 있습니다.

大方廣佛華嚴經

| 種種趣生種種種福田皆來集 | 時十方國土種種形類種 | 道 | 會中悔常勤廻向一切智 | 求悉與而無患厭一一切悉捨 | 眾善不斷一切諸佛種性隨 | 誨終無違犯以巧方便修行 |

사경의 공덕은 십만억 부처님께 공양한 것과 같은 공덕이 있습니다.

稱讚揚其德美聲遐布悉
苦時諸乞者心大欣慶轉更
隨其所求悉令滿足離貧窮
心增長無有休息亦不疲厭捨
善友大悲哀愍思惟滿其願捨
已普皆攝受心生歡喜如見
至菩薩所種種求索菩薩見

사경의 공덕은 십만억 부처님께 공양한 것과 같은 공덕이 있습니다.

梵王 범왕
他化自在天 타화자재천
劫 겁
無量 무량
帝釋 제석
　
如來 여래

樂 락
自 자
善 선
劫 겁
樂 락
使 사
往 왕

不 불
在 재
變 변
受 수
無 무
百 백
菩 보

可 가
天 천
化 화
兜 도
數 수
千 천
薩 살

稱 칭
樂 락
天 천
率 솔
劫 겁
億 억
見 견

劫 겁
不 불
樂 락
陀 타
受 수
那 나
已 이

受 수
可 가
無 무
天 천
夜 야
由 유
歡 환

轉 전
數 수
等 등
樂 락
摩 마
他 타
喜 희

輪 륜
劫 겁
劫 겁
無 무
天 천
劫 겁
無 무

王 왕
受 수
受 수
邊 변
樂 락
受 수
量 량

사경의 공덕은 십만억 부처님께 공양한 것과 같은 공덕이 있습니다.

滿	志	喜		悉	天	王
만	지	희		실	천	왕
乃	樂	愛	菩	不	樂	三
내	락	애	보	불	락	삼
至	淸	樂	薩	能	不	千
지	청	락	살	능	불	천
增	淨	欣	摩	及	可	樂
증	정	흔	마	급	가	락
進	諸	慶	訶		說	不
진	제	경	하		설	불
諸	根	踊	薩		劫	可
제	근	용	살		겁	가
佛	調	躍	見		受	思
불	조	약	견		수	사
菩	順	信	乞		淨	劫
보	순	신	걸		정	겁
提	信	心	者		居	受
리	신	심	자		거	수
	解	增	來		天	徧
	해	증	래		천	변
	成	長	歡		樂	淨
	성	장	환		락	정

사경의 공덕은 십만억 부처님께 공양한 것과 같은 공덕이 있습니다.

사경의 공덕은 십만억 부처님께 공양한 것과 같은 공덕이 있습니다.

사경의 공덕은 십만억 부처님께 공양한 것과 같은 공덕이 있습니다.

사경의 공덕은 십만억 부처님께 공양한 것과 같은 공덕이 있습니다.

向 향	思 사	分 분	向 향	想 상	有 유	彼 피
非 비	廻 회	別 별	非 비	如 여	想 상	想 상
無 무	向 향	廻 회	業 업	是 시	無 무	無 무
心 심	非 비	向 향	廻 회	非 비	無 무	常 상
廻 회	思 사	非 비	向 향	縛 박	三 삼	想 상
向 향	已 이	無 무	非 비	廻 회	有 유	無 무
	廻 회	分 분	業 업	向 향	想 상	無 무
	向 향	別 별	報 보	非 비	非 비	常 상
	非 비	廻 회	廻 회	縛 박	想 상	想 상
	心 심	向 향	向 향	解 해	非 비	無 무
	廻 회	非 비	非 비	廻 회	非 비	三 삼

사경의 공덕은 십만억 부처님께 공양한 것과 같은 공덕이 있습니다.

受想行識生不著受想行識著色滅不著想行識不著著色非法不著色非法不著生不思法不所緣非不著因不著著不緣不時不不著不著不著不著緣不著因不果向時不子菩薩摩訶薩如是廻

사경의 공덕은 십만억 부처님께 공양한 것과 같은 공덕이 있습니다.

大方廣佛華嚴經 104

縛박	想상	識식	色색	此차		滅멸
則즉	行행	不불	生생	諸제	佛불	
亦역	識식	縛박	不불	法법	子자	
於어	滅멸	受수	縛박	不불	菩보	
諸제	若약	想상	色색	著착	薩살	
法법	能능	行행	滅멸	則칙	摩마	
不불	於어	識식	不불	不불	訶하	
解해	此차	生생	縛박	縛박	薩살	
何하	諸제	不불	受수	色색	若약	
以이	法법	縛박	想상	不불	能능	
故고	不불	受수	行행	縛박	於어	

사경의 공덕은 십만억 부처님께 공양한 것과 같은 공덕이 있습니다.

非深無自切當無
비심무자체당무
非非量性諸生有
비비량성제생유
處淺非相法無少
처천비상법무소
非非小離自法法
비비소리자법법
法寂非非相可若
법적비비상가약
非靜大一如取現
비정대일여취현
非非非非是無生
비비비비시무생
法戲狹二無法若
법희협이무법약
非論非非有可已
비론비비유가이
體非廣多自著生
체비광다자착생
非處非非性一若
비처비비성일약

사경의 공덕은 십만억 부처님께 공양한 것과 같은 공덕이 있습니다.

法법	如여	智지	諸제	中중	觀관	非비
如여	夢몽	終종	業업	隨수	察찰	體체
幻환	音음	無무	道도	世세	諸제	非비
而이	聲성	退퇴	不불	建건	法법	有유
亦역	如여	轉전	捨사	立립	則즉	非비
不불	響향	了료	菩보	非비	爲위	非비
壞괴	衆중	知지	薩살	法법	非비	有유
因인	生생	一일	行행	爲위	法법	菩보
緣연	如여	切체	求구	法법	於어	薩살
業업	影영	業업	一일	不부	言언	如여
力력	諸제	緣연	切체	斷단	語어	是시

사경의 공덕은 십만억 부처님께 공양한 것과 같은 공덕이 있습니다.

非體非有非非有非非有菩薩於言語是
觀察諸法則爲非法爲法於言如是
中隨世建立非非非法非法
諸業道不捨菩薩行求法不斷一切
智終無退轉了知衆生如一切緣業諸
如夢音聲如響衆生如影諸緣
法如幻而亦不壞因緣業力

大方廣佛華嚴經　107

無무	切체	切체		暫잠	法법	了료
有유	智지	智지	佛불	廢폐	皆개	知지
退퇴	性성	若약	子자		無무	諸제
轉전	於어	處처	此차		所소	業업
		一일	非비	菩보		作작	其기
		切체	處처	薩살		行행	用용
		處처	普보	摩마		無무	廣광
		皆개	皆개	訶하		作작	大대
		悉실	廻회	薩살		道도	解해
		廻회	向향	住주		未미	一일
			向향	一일	一일	當상	切체

사경의 공덕은 십만억 부처님께 공양한 것과 같은 공덕이 있습니다.

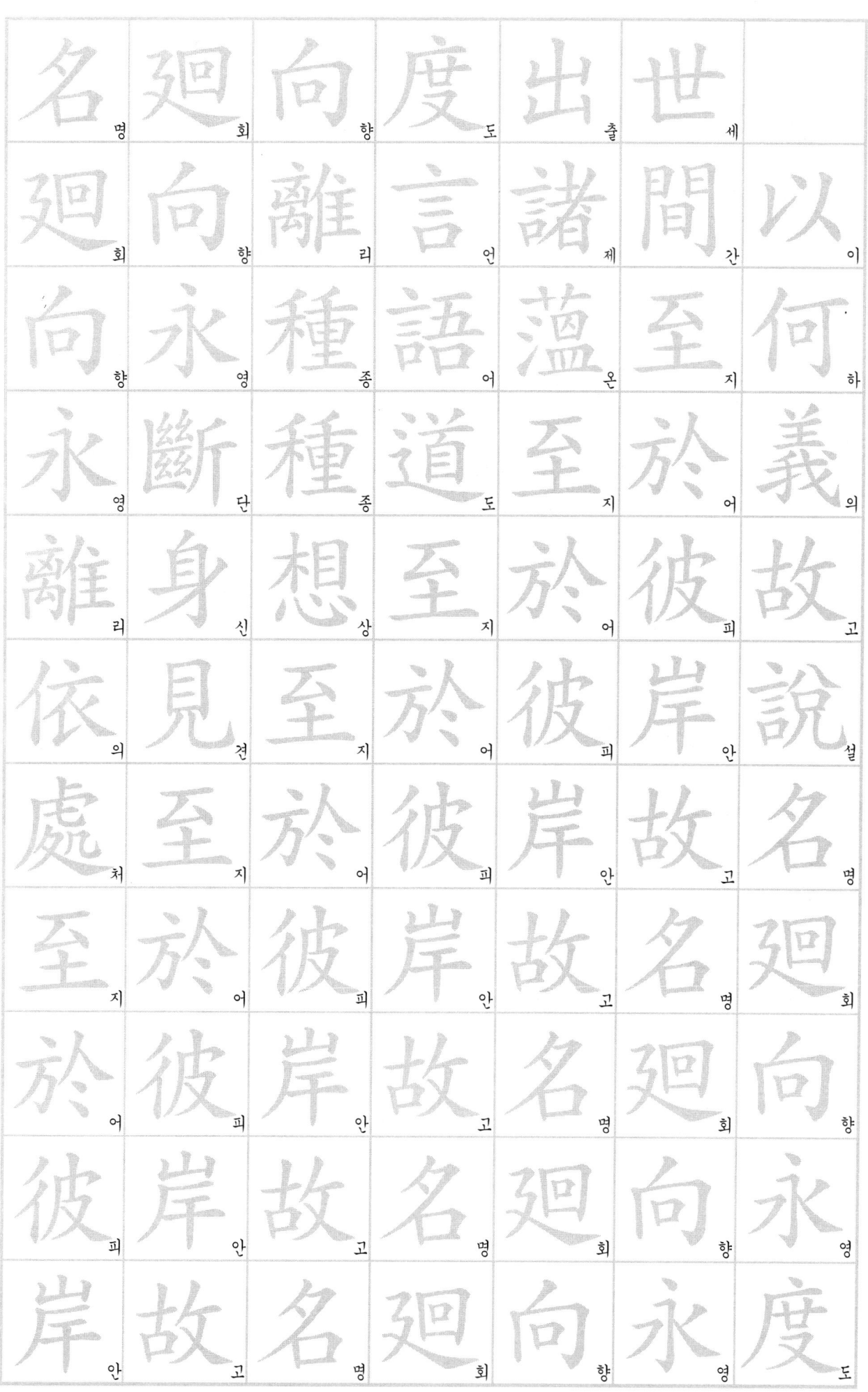

사경의 공덕은 십만억 부처님께 공양한 것과 같은 공덕이 있습니다.

向		至	於	彼	岸	故
時	佛	於	彼	岸	故	名
則	子	彼	岸	故	名	廻
爲	菩	岸	故	名	廻	向
隨	薩	故	名	廻	向	永
順	摩	名	廻	向	永	絶
佛	訶	廻	向	永	出	所
住	薩	向	永	捨	諸	作
隨	如		出	諸	有	至
順	是		世	取	至	於
法	廻		法	至	於	彼

사경의 공덕은 십만억 부처님께 공양한 것과 같은 공덕이 있습니다.

有諸菩薩隨界順住
一法如順住義隨
佛則是淸住順
而爲廻淨隨智
不承向住行順住
承事則佛住廻隨
事一爲子隨向順
無切了菩順住菩
有諸達薩眞隨提
一佛一摩實順住
法無切訶住境隨

사경의 공덕은 십만억 부처님께 공양한 것과 같은 공덕이 있습니다.

而不佛供養無有一法而有壞
이불공양무유일법이유괴
壞無有一法而有一法而有減
괴무유일법이유일법이유멸
一物而離不可見貪著內外無有一切諸法具
일물이리불가견탐착내외무유일체제법구
可厭離滅壞違因緣道法力
가염리멸괴위인연도법력
有無有休息
유무유휴식
足佛子是爲菩薩摩訶薩第
족불자시위보살마하살제

사경의 공덕은 십만억 부처님께 공양한 것과 같은 공덕이 있습니다.

사경의 공덕은 십만억 부처님께 공양한 것과 같은 공덕이 있습니다.

所不能壞 於諸法中而得自在 爾時金剛幢菩薩觀察十方觀察衆會觀察法界觀察衆生界觀察深義觀察諸法句字廣大之心 以大悲心普覆無量 廣大之心 間長去來今佛種性心入於世

사경의 공덕은 십만억 부처님께 공양한 것과 같은 공덕이 있습니다.

		頌송	身신	隨수	在재	一일
		言언	爲위	其기	力력	切체
於어	菩보		現현	善선	身신	諸제
世세	薩살		色색	根근	觀관	佛불
位위	現현		身신	所소	諸제	功공
中중	身신		承승	可가	衆중	德덕
最최	作작		佛불	成성	生생	成성
無무	國국		神신	熟숙	心심	就취
等등	王왕		力력	依의	之지	諸제
			而이	法법	所소	佛불
			說설	性성	樂락	自자

사경의 공덕은 십만억 부처님께 공양한 것과 같은 공덕이 있습니다.

福德威光勝一切
보덕위광승일체

普爲群萌興利益
보위군맹흥리익

其心淸淨無染著
기심청정무염착

於世自在咸遵敬
어세자재함준경

弘宣正法以訓人
홍선정법이훈인

普使衆生獲安隱
보사중생획안은

現生貴族昇王位
현생귀족승왕위

사경의 공덕은 십만억 부처님께 공양한 것과 같은 공덕이 있습니다.

大方廣佛華嚴經 116

催	臨	色	智	十	稟	常
최	임	색	지	시	품	상
伏	馭	相	慧	方	性	依
복	어	상	혜	방	성	의
魔	率	才	分	敬	仁	正
마	솔	재	분	경	인	정
軍	土	能	別	仰	慈	敎
군	토	능	별	앙	자	교
悉	靡	皆	常	皆	無	轉
실	미	개	상	개	무	전
令	不	具	明	從	毒	法
령	부	구	명	종	독	법
盡	從	足	了	化	虐	輪
진	종	족	료	화	학	륜

사경의 공덕은 십만억 부처님께 공양한 것과 같은 공덕이 있습니다.

堅持淨戒　忍不動搖　決志堪忍不動搖　永願燭除諸忿恚心　常樂修行諸佛法　飲食香鬘及衣服　車騎牀褥座與燈　菩薩悉以給濟人

사경의 공덕은 십만억 부처님께 공양한 것과 같은 공덕이 있습니다.

幷及所餘無量種
爲利益故而行大施
令其開發廣大心
於尊勝淸淨處及所餘
意皆淸淨生歡喜
菩薩一切皆周給
內外所有悉皆能捨

사경의 공덕은 십만억 부처님께 공양한 것과 같은 공덕이 있습니다.

必使其心永清淨
不令暫爾生狹劣
或施於頭或施眼
或施於手或施足
皮肉骨髓及餘物
一切皆捨心無悋
菩薩身居大王位

種族豪貴　人中尊
開口出舌　施群生
其心歡喜　無憂戀
以彼施舌　諸功德
廻向一切　諸衆生
普願藉此　勝因緣
悉得如來　廣長舌

或혹 施시 其기 身신 作작 僮동 僕복

或혹 施시 妻처 子자 及급 王왕 位위

其기 心심 淸청 淨정 常상 歡환 喜희

如여 是시 一일 切체 無무 憂우 悔회

隨수 所소 樂락 求구 咸함 施시 與여

應응 時시 給급 濟제 無무 疲피 厭염

一일 切체 所소 有유 皆개 能능 散산

사경의 공덕은 십만억 부처님께 공양한 것과 같은 공덕이 있습니다.

自자	以이	求구	復부	修수	爲위	諸제
捨사	於어	無무	爲위	諸제	聞문	來래
其기	佛불	上상	衆중	苦고	法법	求구
身신	所소	智지	生생	行행	故고	者자
充충	聞문	不불	捨사	求구	施시	普보
給급	正정	退퇴	一일	菩보	其기	滿만
侍시	法법	轉전	切체	提리	身신	足족

爲	發	彼	能	是	聽	菩
欲	生	見	以	時	受	薩
普	無	世	慈	踊	如	所
救	量	尊	心	躍	來	有
諸	歡	大	廣	生	深	諸
群	喜	導	饒	歡	法	善
生	心	師	益	喜	味	根

悉실	普보	永영	菩보	色색	華화	種종
以이	皆개	使사	薩살	相상	鬘만	種종
廻회	救구	解해	所소	端단	衣의	莊장
向향	護호	脫탈	有유	嚴엄	服복	嚴엄
諸제	無무	常상	諸제	能능	及급	皆개
衆중	有유	安안	眷권	辯변	塗도	具구
生생	餘여	樂락	屬속	慧혜	香향	足족

사경의 공덕은 십만억 부처님께 공양한 것과 같은 공덕이 있습니다.

此(차) 諸(제) 菩(보) 薩(살) 一(일) 切(체) 眷(권) 屬(속) 甚(심) 希(희) 有(유)

菩(보) 薩(살) 專(전) 求(구) 正(정) 覺(각) 度(도) 群(군) 生(생) 能(능) 暫(잠) 捨(사) 施(시)

如(여) 是(시) 如(여) 是(시) 諦(제) 思(사) 惟(유) 之(지) 心(심) 無(무)

菩(보) 薩(살) 備(비) 行(행) 種(종) 種(종) 廣(광) 大(대) 業(업)

悉(실) 以(이) 廻(회) 向(향) 諸(제) 含(함) 識(식)

사경의 공덕은 십만억 부처님께 공양한 것과 같은 공덕이 있습니다.

處처	彼피	僮동	宮궁	及급	菩보	而이
處처	於어	僕복	殿전	以이	薩살	不불
周주	無무	侍시	樓루	國국	捨사	生생
行행	量량	衛위	閣각	土토	彼피	於어
而이	百백	皆개	與여	諸제	大대	取취
施시	千천	無무	園원	城성	王왕	著착
與여	劫겁	悋린	林림	邑읍	位위	心심

사경의 공덕은 십만억 부처님께 공양한 것과 같은 공덕이 있습니다.

因以教導 諸群生
悉使超昇 無上岸
無量品類 各無差別
十方世界 來萃止
菩薩所見 已心欣慶
隨其所之 令滿足
如三世佛 所廻向

菩薩亦修之如是所行業

調御人隨學尊到之彼岸

悉皆觀察一切彼法者

菩薩能入此法

誰為能入

云何為所入

如是布施心無所住

菩 보	菩 보	菩 보	於 어	心 심	亦 역	知 지
薩 살	薩 살	薩 살	其 기	不 불	不 불	菩 보
廻 회	廻 회	廻 회	法 법	分 분	染 염	提 리
向 향	向 향	向 향	中 중	別 별	著 착	性 성
善 선	方 방	眞 진	無 무	一 일	於 어	從 종
巧 교	便 편	實 실	所 소	切 체	業 업	緣 연
智 지	法 법	義 의	著 착	業 업	果 과	起 기

사경의 공덕은 십만억 부처님께 공양한 것과 같은 공덕이 있습니다.

入深法界 무無違逆 亦不於身中 而住 智慧了知 無業無業性 以因緣故 不失法 心不妄取過 亦不貪著未來事

入深法界(입심법계) 無違逆(무위역) 亦不於身中(역불어신중) 而住(이주) 智慧了知(지혜료지) 無業無業性(무업무업성) 以因緣故(이인연고) 不失法(불실법) 心不妄取過(심불망취과) 亦不貪著未來事(역불탐착미래사)

사경의 공덕은 십만억 부처님께 공양한 것과 같은 공덕이 있습니다.

不	了	菩	受	超	其	諦
불	요	보	수	초	기	체
於	達	薩	想	出	心	觀
어	달	살	상	출	심	관
現	三	已	行	世	謙	五
현	삼	이	행	세	겸	오
在	世	到	識	間	下	蘊
재	세	도	식	간	하	온
有	悉	色	亦	生	常	十
유	실	색	역	생	상	십
所	空	彼	如	死	淸	八
소	공	피	여	사	청	팔
住	寂	岸	是	流	淨	界
주	적	안	시	류	정	계

於十
此二
畢種
竟一
不處
可及
得己
菩身
提
리

於
體
性
畢
竟
不
可
得
菩
提

不
取
諸
法
常
不
住
著
相

於
斷
滅
相
亦
不
著

法
性
非
有
亦
非
無

業
理
次
第
終
無
盡

不不十畢若則雖
於見方竟能如求
諸衆國求如諸其
法生土之是佛性
有及三無諸之不
所菩世可諸可
住提中得法解得

菩薩所行亦不虛
菩薩了法從緣有
不違一切法所從
開示解脫諸所行
欲使衆生悉清淨
是爲智者所行道
一切如來之所說

隨順思惟 入正義
自然覺悟 成菩提
諸法無生 亦無滅
亦復無來 無去
不於此 死而生彼
是人解悟 諸佛法
了達諸法 真實性

而(이)於(어)法(법)性(성)無(무)分(분)別(별)

知(지)法(법)無(무)善(선)性(성)無(무)分(분)別(별)

此(차)人(인)偏(변)在(재)一(일)諸(제)佛(불)智(지)處(처)

法(법)性(성)徧(변)在(재)一(일)切(체)衆(중)生(생)

一(일)切(체)衆(중)生(생)及(급)國(국)土(토)

三(삼)世(세)悉(실)在(재)無(무)有(유)餘(여)

亦(역)無(무)形(형)相(상)而(이)可(가)得(득)

一切諸佛所 悉皆攝取 無有餘了

雖說三世 一切法 非一切有法

如是諸法等性 徧一切非一切

菩薩諸迴向 亦復然

如是迴向諸眾生

常(상) 於(어) 世(세) 間(간) 無(무) 退(퇴) 轉(전)

發 願 文

귀의 삼보하옵고
거룩하신 부처님께 발원하옵나이다.

주 소 : _____

전 화 : _____ 불명: _____ 성명: _____

불기 25_____년 _____월 _____일